O∴ DE PARIS.

RESP∴ L∴ DES DISCIPLES

DE

SAINT-VINCENT DEPAUL.

POMPE FUNÈBRE

ET

DISCOURS

DU F∴ BAILLY, ORAT∴

POMPE FUNÈBRE

A LA MÉMOIRE

Du C∴ Ill∴ F∴ Nicolas Frété,

Décédé à Paris, le 12 Juin 1826,

En sa maison, rue l'Évêque, N°. 16, et inhumé, le
14 du même mois, au Cimetière de l'Est, vulgai-
rement connu sous le nom du *Cimetière du Père
de la Chaise.*

PARIS,

De l'Imprimerie de J.-S. CORDIER Fils, rue Thévenot, n°. 8.

1826.

DISCOURS

Prononcé, au moment de l'inhumation, en pré-
sence de la Famille de notre Vén∴ et de ses
nombreux Amis.

Nota. Avant de permettre qu'on couvrit la dépouille mortelle de celui que nous pleurerons toujours, chacun de nos
FF∴ ∴ ∴ déposa sur son cercueil une branche de l'Arbre
mystérieux connu des seuls vrais Maç∴

Messieurs (*)!

Un pénible devoir nous est imposé, et nous
venons le remplir.

La famille de l'ami que nous pleurons est
plongée dans la plus profonde douleur; et nous,

(*) Devant des Profanes, on a dû employer une expression
connue et employée par eux.

ses amis, nous, les témoins des actions de sa vie, nous avons à laisser éclater nos regrets, et à conserver le souvenir consolant de ses qualités morales, et, j'ose le dire!.... de ses vertus.

Nicolas Frété, dont les restes inanimés viennent d'être déposés dans ce tombeau, naquit à Eu, département de la Seine-Inférieure (ancienne province de Normandie), le 25 janvier 1760.

Sa famille est connue par sa probité; mais elle éprouva des malheurs, et ils ne lui permirent pas de consacrer à la première éducation de notre ami, ces soins particuliers qui auraient fait germer, bien plus promptement en lui, l'aptitude singulière dont il était doué pour tout ce qui tend au perfectionnement de l'homme moral.

Obligé de se suffire à lui-même, il sentit tout le prix de l'expérience, et sut, de très-bonne heure, apprécier tout le mérite de ses leçons.

Le temps qu'il pouvait dérober à des occupations nécessaires, toujours il l'employa à la culture de son esprit, et au développement plus précieux encore, qu'il sut donner aux qualités de son cœur.

Il devint donc son instituteur et le juge de ses actions; il eut le bonheur inappréciable de réparer seul, un mal qui ne provenait ni de lui, ni de sa famille, et d'arriver, par ses soins et sa bonne conduite, sinon, à une grande fortune, du moins, à une aisance respectable qu'accompagna toujours l'estime de tous ceux qui sont dignes de savoir apprécier le véritable honnête homme.

Notre ami n'est plus!!! son épouse est dans les larmes, son beau-fils le regrettera toujours, sa fille chérie le pleure, et sa tendresse filiale est soumise à la plus rude épreuve.

Joignons donc, Messieurs, notre douleur à la douleur commune, et invoquons le Dieu des miséricordes pour notre ami !

» O toi, Dieu tout-puissant, Dieu qui lis au fond des cœurs, reçois dans ton sein paternel, l'enfant de ta prédilection, et accorde-lui cette éternité de bonheur que tu réserves à tous ceux qui lui ressemblent sur la terre! »

CÉRÉMONIAL

Extrait du procès-verbal de la séance du 13 juillet 1826.

1°. Réunion des FF∴ disciples de Saint-Vincent Depaul dans une L∴ préparatoire ; le F∴ Chazerain, premier Surv∴ titul∴ préside, ayant à sa droite le F∴ Truet, Vén∴ d'honneur. L'Occid∴ est éclairé par les FF∴ Prot, 2ᵉ. Surv∴ titul∴, et Meyer, 2ᵉ. Surv∴ d'office ; le F∴ Bailly, Orat∴ titul∴ est à son banc, et le F∴ Dumoulin, Secrét∴, tient le pinceau ;

2°. Ouverture des travaux ; introduction des Vén∴ et des députés des LL∴ de Saint-Louis de la Martinique, de la Persévérante Amitié, des Tributaires d'Hiram, de la Trinité, etc. On reçoit les députations de nos Sœurs affiliées, les LL∴ des Amis incorruptibles, et des Émules d'Assas ;

3°. Une députation du G∴ O∴ de France est annoncée ; elle a à sa tête le Resp∴ et Ill∴ F∴ Gontié, président de sa Grande Chambre Symbolique. Le Vén∴ la reçoit avec les honneurs dus aux délégués du Sénat maç∴ ;

4°. Le F∴ Chazerain, remet le premier maillet au Vén∴ d'honneur, et va reprendre sa place à l'Occident de la colonne du midi ;

5°. Lecture du programme de la cérémonie et distribution d'une branche d'acacia à tous les FF∴ ;

6°. Tous les FF∴, dans le plus grand silence et au son d'une musique lugubre, se disposent à passer dans le Temple de la Mort. Le Grand-Maître des cérémonies place sur un coussin, le maillet, le cordon de Vén.˙. et le bijou de la ▢; il est accompagné par les quatre Frères qui ont porté les cordons du drap mortuaire, au jour de l'inhumation ;

7°. Entrée dans le Temple de la Mort. Ce lieu consacré aux larmes, est tendu en noir ; le chiffre du Vén.˙. défunt, composé des lettres N et F (*Nicolas Frété*,) est placé de distance en distance, sur une bande blanche qui parcourt les quatre points cardinaux du Temple. Le milieu est occupé par un cénotaphe que l'on charge des bijoux et des insignes de notre Ill.˙. Vén.˙.

8°. Le Vén.˙. d'honneur, après avoir annoncé solennellement le but religieux de la réunion, fait le premier voyage mystérieux, et arrivé au pied du cénotaphe, il dit : « Quel » contraste entre ce feu matériel dont la sombre pâleur répand » dans nos cœurs le deuil et la tristesse, et le vif éclat que » répandaient naguère sur nos Col.˙. les lumières et les » vertus du Resp.˙. M.˙. que nous pleurons. »

Il retourne à l'autel, frappe un grand coup, et dit : « Notre Resp.˙. Maît.˙. Nicolas Frété n'est plus! gémis- » sons! »

9°. Ici, l'orateur fait la lecture du discours qu'il a prononcé sur la tombe de notre Vén.˙., au jour de son inhumation.

10°. Alors, le Vén.˙. d'honneur part de l'Or.˙., se rend au cénotaphe, répand de l'encens dans une cassolette, et dit : « Que la vapeur de cet encens, montant jusqu'au trône » du G.˙. A.˙. de l'Un.˙. dans le sein duquel repose le digne » F.˙. que nous regrettons, lui porte l'hommage de nos » sentimens d'amour, et l'assurance qu'il est toujours l'ob- » jet de nos pensées. »

De retour à l'autel, il frappe un grand coup, et dit : « No-
» tre Ill.˙. vén.˙., notre F.˙. bien-aimé n'est plus ! gémis-
» sons ! gémissons ! »

11°. L'Orat.˙. prend de nouveau la parole, et prononce
l'oraison funèbre de notre Ill.˙. Vén.˙., à laquelle succède
une musique conforme aux sensations douloureuses que res-
sentent tous les FF.˙.

12°. Le Vén.˙. d'honneur vient déposer, avec tous ses
FF.˙., sa branche d'acacia, au pied du cénotaphe, et dit :
« Reçois, Resp.˙. F.˙., excellent ami, Ill.˙. Vén.˙., reçois
» les derniers adieux de tes FF.˙. reconnaissans ; ils n'ou-
» blieront jamais les accens de ton ame aimante, les servi-
» ces que tu as rendus à notre atelier, et les vertus que tu
» as fait briller pendant ta trop courte carrière. Adieu,
» adieu, adieu ! »

13°. De retour à l'autel, il frappe un grand coup, et dit.
« Notre Ill.˙. F.˙. Nicolas Frété, Off.˙. hon.˙. du G.˙. O.˙.
» de France, Vén.˙. de notre Resp.˙. At.˙., n'est plus ! gé-
» missons ! gémissons ! gémissons ! »

14°. On annonce la circulation du tronc de Bienfaisance,
et il est présenté à la famille de notre Ill.˙. Vén.˙. qui as-
siste, dans une tribune particulière aux travaux funèbres de
notre At.˙. ; un chant lugubre se fait entendre, et le Vén.˙.
d'honneur s'écrie, après l'avoir entendu : « Mes Frères, no-
» tre Resp.˙. maître repose dans le sein du G.˙. A.˙. de
» l'Un.˙., où il jouit du bonheur réservé à l'homme ver-
» tueux, consolons-nous, nous avons fait notre devoir ; re-
» tirons-nous en paix. »

15°. Alors, on se rend de nouveau au temple préparatoire
où les travaux sont fermés avec l'appareil d'usage.

DISCOURS
DU F∴ ORAT∴

« *Recordare, Domine, quid acciderit nobis !.......*
» *Pupilli facti sumus absque patre.* »

« Souvenez-vous, Seigneur, de ce qui vient de nous
» arriver !....... Nous avons perdu notre père ! nous
» sommes orphelins.

> *Paroles extraites du Livre des Thrènes ou des
> Lamentations. (Versets premier et troisième du
> Chapitre V, intitulé : Prière du prophète Jérémie.)*

» Réunis aujourd'hui dans le temple de la
mort, nos yeux ne se reposent que sur des objets
de douleur, et nos âmes contristées n'ont plus
qu'un pénible souvenir, pour toute consolation.

» Un mois s'est écoulé depuis que la mort im-
pitoyable nous a ravi le meilleur ami, le père le
plus indulgent, le Vén∴ le plus chéri; un mois
s'est écoulé depuis que ma voix fraternelle a
rappelé, sur sa tombe entr'ouverte, les droits
qu'il avait à nos hommages et à nos pleurs.

» C'est dans ce jour funèbre, dans ce jour uni-
quement consacré à nos rites mystérieux que

nous devons à notre frère de rappeler tout le bien (le seul bien qui nous reste, hélas!) le souvenir de ses vertus maç∴

» Nicolas Frété, maç∴ zélé, homme juste et ardent protecteur du faible, membre du sénat maç∴, dans sa grande □∴ symb∴, depuis le 12 avril 1816, et aumônier-hosp∴ de cette même □, Nicolas Frété enfin, off∴ honoraire du G∴ O∴ de France, a quitté la vie, le 12 juin de cette année, après une maladie douloureuse dont les angoisses mortelles ont résisté aux secours de l'art, aux soins empressés de sa famille et aux vœux ardens de ses FF∴ et de ses amis.

» A peine la nouvelle de ce malheur affreux fut-elle connue des Enfans de Saint-Vincent Depaul, que le deuil se répandit dans tous les cœurs. « Notre Vén∴ n'est plus! » furent les seules paroles qui s'échappèrent au milieu de nos larmes et de nos sanglots, et, dès cet instant, il fut unanimement résolu de payer à sa mémoire le juste tribut de respect et d'amour si légitimement dû à une vie dont tous les instans ont été consacrés au culte de l'honneur et de la bienfaisance.

» Je dois vous faire remarquer, M∴ Vén∴ FF∴ (mais, le plus succinctement possible, parce que tout sentiment qui tend à rappeler de longs, de cruels débats, pese sur le cœur d'un vrai maç∴; je dois, dis-je, vous faire remarquer que la reconnaissance seule nous a inspirés quand nous avons remis notre premier maillet dans les mains du Vén∴ F∴ Frété.

» Ce F∴, chargé par le G∴ O∴ de France, des détails de nos malheureuses discussions, et de les soumettre au plus sévère examen, y a découvert toute la vérité, c'est-à-dire, l'étendue de nos droits et le néant des prétentions de nos adversaires.

» Dès que le jour de la justice se leva pour nous; dès le moment où nous avons reconnu tout ce que nous devions à notre resp∴ F∴ Frété, à son courage, à sa vertueuse impartialité, nous n'avons pas hésité à l'appeler au pouvoir fraternel dont on honore, chez les Maç∴, tout membre de l'Ordre qu'on juge le plus digne.

» Pourquoi notre gratitude devient-elle aujourd'hui la source de nos pleurs ? pourquoi les roses se sont-elles changées en cyprès ? pourquoi notre mystérieux acacia se trouve-t-il remplacé par des rameaux funèbres ? ah ! mes vén∴ FF∴, la mort ne répond jamais à nos vaines et lugubres plaintes !

» Naître, vivre un instant et mourir ! tel est notre sort commun.

» C'est en vain, que l'éducation forme l'homme et lui procure quelques talens ; c'est inutilement, qu'un cœur courageux s'accoutume à dompter les vicissitudes de la fortune ; c'est une pensée futile de croire qu'on est parvenu à captiver cette déesse capricieuse, et à s'attacher à son char ; le jour fatal arrive, et toute la science se réduit à comprendre qu'il faut mourir ; toute la fortune consiste dans un linceuil, qui, bientôt encore, sera réduit en poussière avec la proie mortelle qu'il enveloppe. La mort est là ; il faut quitter parens, amis, richesses, grandeurs, plaisirs, jouissances ; il faut même faire le sacrifice de ses propres chagrins, et tout laisser pour subir cet éternel et irrévocable arrêt. L'enfance, qui ne sait pas encore ce que c'est que la vie ; l'adolescence, qui n'est que l'espérance de l'être ; l'âge viril, chargé par la nature du soin de sa reproduction ; la vieillesse, qui cherche le repos et se complaît dans ses enfans ; le riche, dans ses palais dorés ; le guerrier, le conquérant, au milieu de leurs plus brillans exploits ; l'homme puissant, entouré de sa clientelle fastueuse ; le monarque, sur le trône ; et le pauvre, sous l'humble toit de la misère ; tout est soumis à tes décrets, ô Mort inexorable ! Tu frappes également tous les âges , tous les états, tu ne respectes rien. Sous la loi éternelle d'un mouvement que rien n'arrête dans son cours, l'univers est une suite non interrompue de naissances et de morts. Tout ce qui a reçu la vie doit mourir ; ainsi l'a voulu le Gr∴ Architecte de l'Un∴, seul Être par essence, qui n'a point commencé, qui ne doit point finir.

» Les siècles s'écoulent de son sein, et vont se perdre dans l'abîme de son éternité , comme ces fleuves de la terre qui , sans cesse alimentés par les vapeurs qui s'élèvent des mers, vont constamment se replonger dans leur vaste bassin. L'homme, sa créature par excellence, n'est point dispensé de la loi commune ; tous ses travaux, tous ses projets sont anéantis d'un seul coup, et sans qu'il en coûte le moindre effort à l'Être tout-puissant.

» O vanités humaines ! qu'êtes-vous donc en comparaison de cet Être des êtres ? Nous n'avons qu'un instant d'existence, et nous sommes assez imprudens, assez aveugles, assez dénués de raison, pour le remplir d'une infinité de souffrances et de tourmens ! Qu'espérons-nous donc obtenir ? De la science, des richesses, du pouvoir, du plaisir ? Ah !.... pauvres insensés ! demain, aujourd'hui, à l'instant même, il faudra quitter tout cela.

» C'est, mes vén∴ FF∴, un sujet bien digne de toutes nos réflexions, et que la triste cérémonie qui nous réunit dans cette enceinte, doit rappeler vivement à notre esprit.

» Nous pleurons un de nos FF∴ qui vient d'acquitter la dette de l'humanité, et de rendre au

G∴ A∴ de l'Un∴ la portion du souffle divin dont il était animé. Sans avoir parcouru une longue carrière, notre F∴ cependant, était parvenu à ce terme de la vie, où chaque nouveau jour peut être considéré comme une faveur.

» Mais hélas ! que sa famille, que ses amis, que ses FF∴, que tous ceux qui l'ont connu sont loin de penser qu'il eût assez vécu ; ils trouvent que c'est trop peu pour eux ; ils sentent que leur ami, leur parent, leur F∴ leur manque trop tôt, et leurs regrets sont aussi vifs que s'il leur eût été enlevé dans la force de l'âge. Pour eux, il aurait dû vivre toujours.... mais..... il n'est pas donné à l'homme d'être immortel.

» S'il faut mes Vén∴ FF∴, pour qu'une vie soit ce que l'orgueil appelle bien remplie, qu'on y trouve des actions éclatantes, votre espoir sera trompé, et notre Vén∴ F∴ Frété, toujours affectueux par caractère, toujours sacrifiant à l'amitié par un besoin impérieux de la confiance des autres, notre Vén∴ F∴ Frété, dis-je, ne vous offrira point, dans le cours d'une vie, autrefois agitée, mais enfin devenue calme et tranquille, de ces faits dont le récit occupe une ville, une province, quelquefois un royaume; il n'exerça pas le pouvoir, il ne brilla point par l'éclat des richesses; notre F∴ Frété, ne fut ni un commerçant dont le nom parcourut les deux mondes, ni un de ces génies inventeurs dont les images se placèrent dans le temple de la gloire; mais il fut bon époux, bon père, bon ami, bon citoyen; il brilla par les vertus d'un homme privé, il s'occupa sans cesse du bonheur de tout ce qui l'entourait, et il avait voué aux disciples de Saint-Vincent Depaul, les sentimens d'une amitié franche et solide dont le souvenir touchant les suivra jusqu'au tombeau.

» Aussi, les larmes d'une épouse inconsolable, de sa fille affligée, de sa famille entière, de ses amis, et les nôtres, attestent tout le bien qu'il a fait, et sont la digne récompense des vertus qu'il a, j'ose le dire, embellies en les pratiquant.

» O vous, sa compagne chérie, vous, sa fille adorée; vous membres intéressans de sa vertueuse famille, et vous aussi, ses dignes amis, pleurez avec nous sur une perte irréparable; répétez ces expressions douloureuses du prophète: « *Recordare, Domine, quid acciderit nobis!......* » *Pupilli facti sumus absque patre.*

« Souvenez-vous, Seigneur, de ce qui vient de » nous arriver !

» Nous avons perdu notre père, nous sommes » orphelins. »

« Hélas! de cette tribune où ma voix impuissante cherche à élever au plus respect.˙. des hommes, un monument digne de lui, j'aperçois sa place vacante; un voile funèbre la couvre et devient le signe trop certain de son absence éternelle!..........

» Ah! mes vén.˙. FF.˙.! il est pourtant une espèce de soulagement à nos peines; il est un sentiment qui jette un voile, (à la vérité, transparent et léger) sur la douleur la plus profonde.

» Dans le cours ordinaire de sa vie civile ou maç.˙., notre F.˙. s'est vu soutenu par l'estime générale accordée à ses rares qualités, à l'honneur qui réglait ses actions, même les plus simples, à l'austérité de ses principes qui ne savaient ce que c'est que de composer avec les circons-tances; et enfin, à sa franchise, qui était toujours l'arme la plus sûre contre ces hommes insinuans et faux qui pensent que toute action, dans la vie, ne doit être dirigée que par le seul intérêt personnel, ou soumise à la puissance du levier méprisable des avantages particuliers.

» **Dans** sa carrière maç∴, notre vén∴ F∴ Frété a prouvé que pour lui, sagesse, beauté, force et vertu n'étaient pas de vains mots. Son entrée dans l'ordre a été déterminée par une volonté ferme et soumise entièrement à des lois que toujours il a respectées; à des devoirs que toujours il a scrupuleusement remplis. Le zèle qu'il a dé-ployé dans plusieurs occasions pour la défense et pour la gloire de cet Ordre dont l'antiquité fait la force morale, doit nous autoriser à penser que notre F∴ le regardait comme l'École de la sagesse et des vertus sociales. Il était franc, il était sin-cère, ce zèle qui, poussé quelquefois jusqu'à cette chaleur qui souvent effarouche les faibles, n'en était pas moins pur. Son ardeur à soutenir les vrais intérêts de la maç∴ et ceux particuliers du G∴ O∴ de France, n'était pas la colère aveugle du méchant; mais l'emportement juste et bien naturel d'un maç∴ qui ne savait composer avec rien, dès que l'on attaquait, ou que seulement on paraissait attaquer la suprématie de l'art royal, et la majesté de ses mystères.

» Tant de dévouement reçut sa récompense. Le sénat maç∴ ouvrit son temple à notre illustre F∴, et l'appela successivement à la confection de divers travaux qui sont directement soumis aux soins de sa grande chambre symb∴ Là, on lui confia plusieurs affaires dans lesquelles brilla son talent pour la discussion; toujours il sut séparer le vrai d'avec le faux; toujours il reconnut la justice et la vérité; toujours aussi, sut-il saisir les documens les plus authentiques pour prendre un parti; et toujours aussi, ce parti fut-il appuyé sur une conviction forte de lumières et avouée par une conscience pure.

» Enfin, mes vén∴ FF∴, aurai-je besoin de

vous rappeler ce que doit à notre digne F∴ Frété cette resp∴ ▢ ? N'a-t-il pas rallumé, pour ainsi dire, le feu sacré sur notre autel ? Ne l'avez-vous pas vu tenir votre premier maillet au niveau de la gloire qui jaillit sans cesse de la source immortelle des vertus de notre saint patron ? N'avez-vous pas eu toujours à vous applaudir de la sagesse de son administration ?

» Ah ! m∴ vén∴ FF∴, je le sais..... je le sens........ j'en vois dans vos yeux la déchirante expression.....

» Votre reconnaissance, en ce moment, est égale à votre douleur !

» Mais, que sont donc les qualités de l'ame, les sentimens du cœur chez les malheureux mortels ? à quoi bon leur zèle pour le bien, leur amour pour la vertu ? le ciel nous crie, ce ciel inexorable nous répond : Votre frère vivait !..... Votre frère n'est plus......

» Que dis-je ! il n'est plus !!! ah ! m∴ vén∴ FF∴, il vit toujours dans nos cœurs, et il y vivra tant que le souffle de la vie nous animera ; oui.... j'en atteste vos larmes, j'en atteste vos souvenirs ;

il vit dans le sein du G∴ Arch∴ de l'Un∴, auquel il faisait l'hommage d'un culte pur; il y vit heureux, et son bonheur est la récompense promise à la vertu !

» Ombre de notre frère si amèrement pleuré, tu erres sans doute encore parmi nous; tu nous vois et tu juges si nos larmes sont vraies, si notre douleur exprime toute la sincérité de nos regrets; tu jouis encore, et tu jouiras toujours des douceurs de notre amitié.

» Ah ! puisse cette consolante assurance ajouter aux délices éternelles qui doivent être le fruit de soixante ans de travaux dans cette vallée de douleur et d'affliction ! *Dixi* »

Par le F∴ BAILLY, Orat∴ titul∴ de la☐ des Disciples de Saint-Vincent Depaul, Off∴ du G∴ O∴ de France, 33ᵉ.